# Michael Siegmund

# Nejlepších 123 otázek pro filozofování s dětmi a mládeží. Filozofie pro děti

## S mnoha obrázky pro společné zamyšlení

Impressum

© 2019 Michael Siegmund
Fotos: Alle Bilder lizenziert von Ingram Image/adpic
Alle Rechte vorbehalten.
Nachdruck, auch auszugsweise, nicht gestattet.
Übersetzung: easytrans24.com
Herstellung und Verlag:
BoD – Books on Demand, Norderstedt
ISBN: 978-3-7494-8206-1

Bibliografische Information der Deutschen Nationalbibliothek: Die Deutsche Nationalbibliothek verzeichnet diese Publikation in der Deutschen Nationalbibliografie; detaillierte bibliografische Daten sind im Internet über dnb.dnb.de abrufbar

## Co je to filozofování s dětmi a mládeží?

Tuto lidskou činnost definuji takto: „Filozofování (s dětmi) je proces myšlení/ mluvení s otevřeným koncem." Při filozofování jde o kladení zajímavých otázek pro společné zamyšlení a objevování. Filozofování by nemělo být „suché", nudné nebo nabubřelé. Praktické filozofování by prostě mělo být zábavné.

Nejde o předávání vědomostí ani o dějiny filozofie. Jde o to dětem SKUTEČNĚ naslouchat a brát vážně jejich nápady, představy a přání. Jde o pozornost - v pravém smyslu slova.

## Od jakého věku a kde je možné filozofovat?

Neexistuje pro to žádná pevná věková hranice ani žádné pevné místo. Již zhruba od 5 let (nebo dříve) jsou děti schopné zajímavým způsobem odpovídat na filozofické otázky. Filozofovat se dá vlastně všude, třeba ve školce, škole nebo doma.

## Jak nejlépe filozofovat s dětmi a mládeží?

Vyhraďte si pro to dostatek času. Ideální by bylo klidné místo. Nejlépe se osvědčilo filozofování v malých skupinkách nebo i jen ve dvou. Položte dítěti/ dětem otázku a ukažte na příslušný obrázek. Dejte dítěti/dětem dostatek času na odpověď. Pokud odpověď nepřijde hned, můžete otázku trochu přeformulovat, např. s konkrétními situacemi ze života dítěte/dětí. V navazujícím rozhovoru cíleně klaďte další otázky: „Proč?", „Jak to víš?", „Jsi si jistý/jistá?"

Buďte zvědaví, jaké nápady a myšlenky děti a mládež vyjádří, a společné zamyšlení si užijte.

*Váš Michael Siegmund*

# Příjemnou

# filozofování!

# Proč jsi na světě?

# Budeš-li mít v budoucnu vlastní dítě, co bys mu ze srdce přál/přála?

# Dělají peníze člověka šťastným?

# Co je pro tebe štěstí?

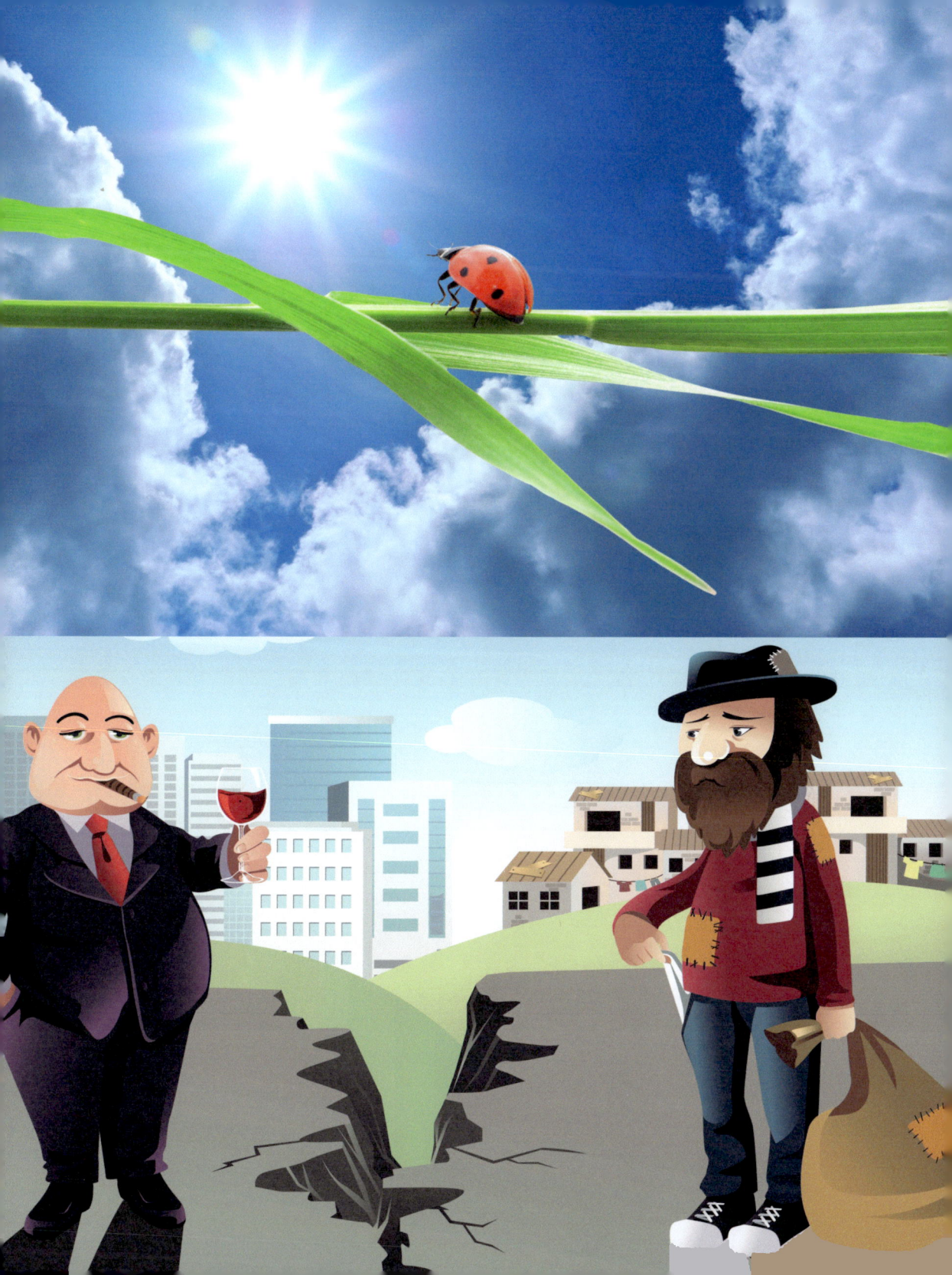

# Co umíš lépe než jiní lidé?

# Smí člověk ukrást chléb, když má hlad?

# Je lepší být sám, nebo být spolu s jinými lidmi?

# Kde je pro tebe domov?

# Co je to bohatství?

# Jak vypadá tvé Já?

# Byl svět odjakživa?

# Jaké stopy jsi ve svém životě již zanechal/zanechala?

**Kdybys musel/musela strávit jeden rok na pustém ostrově, které lidi a předměty by sis s sebou vzal/vzala?**

# Co je to hraní?

# Je důležitější rodina, nebo přátelství, anebo je obojí stejně důležité?

# Odkud se na světě bere „dobro“? Co je pro tebe „dobro“?

# Existují strážní andělé?

# Budou i v budoucnu na Zemi stále lidé?

# Jestliže Bůh stvořil svět z nicoty, kde byl Bůh předtím?

# Co je to mír?

# Jsou zvířata šťastnější než lidé?

# Může být člověk všude doma?

# Proč na světě existuje tolik odpadu?

# Chodí většina dospělých do práce ráda, nebo nerada?

# Jak by se měl člověk chovat k přírodě?

# Je dobré, nebo špatné, že lidé chovají zvířata v zoologických zahradách?

# Co je to láska?

# Existuje jeden Bůh, mnoho Bohů, nebo žádný Bůh?

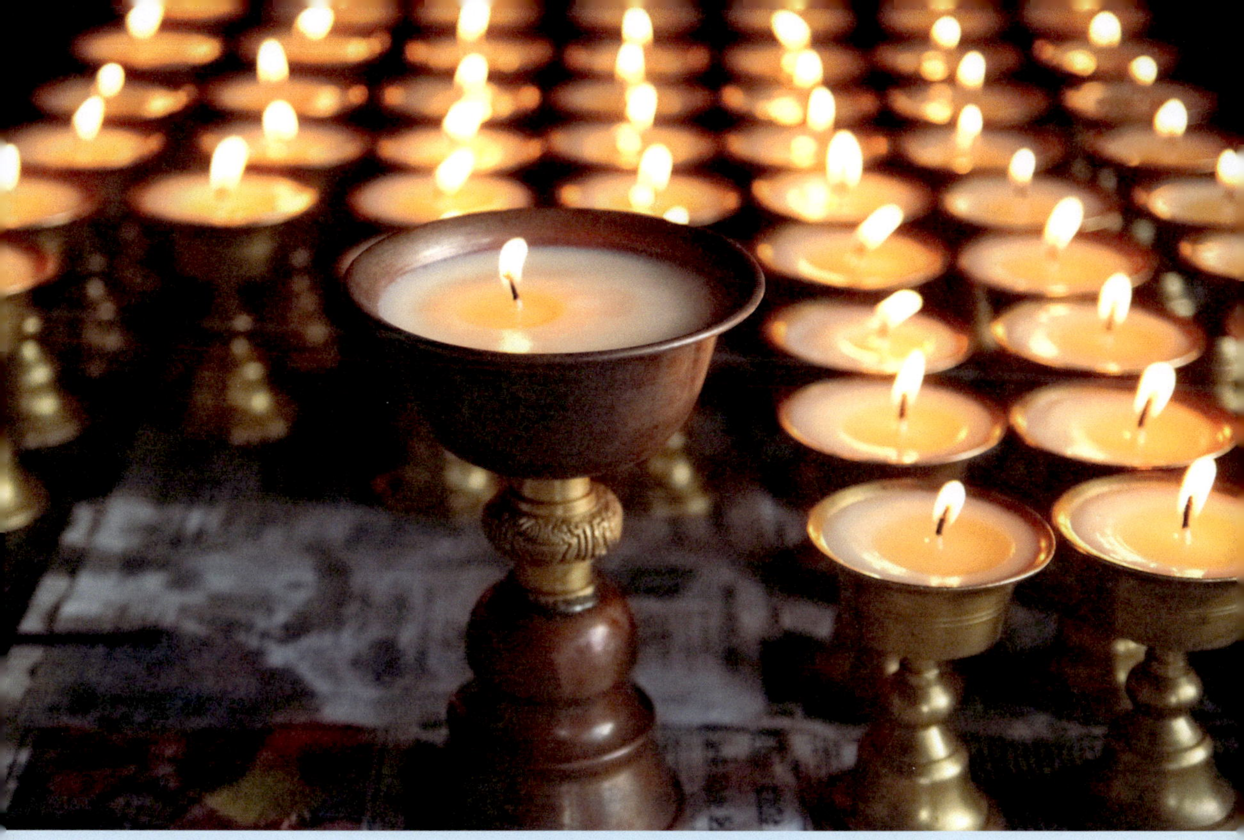

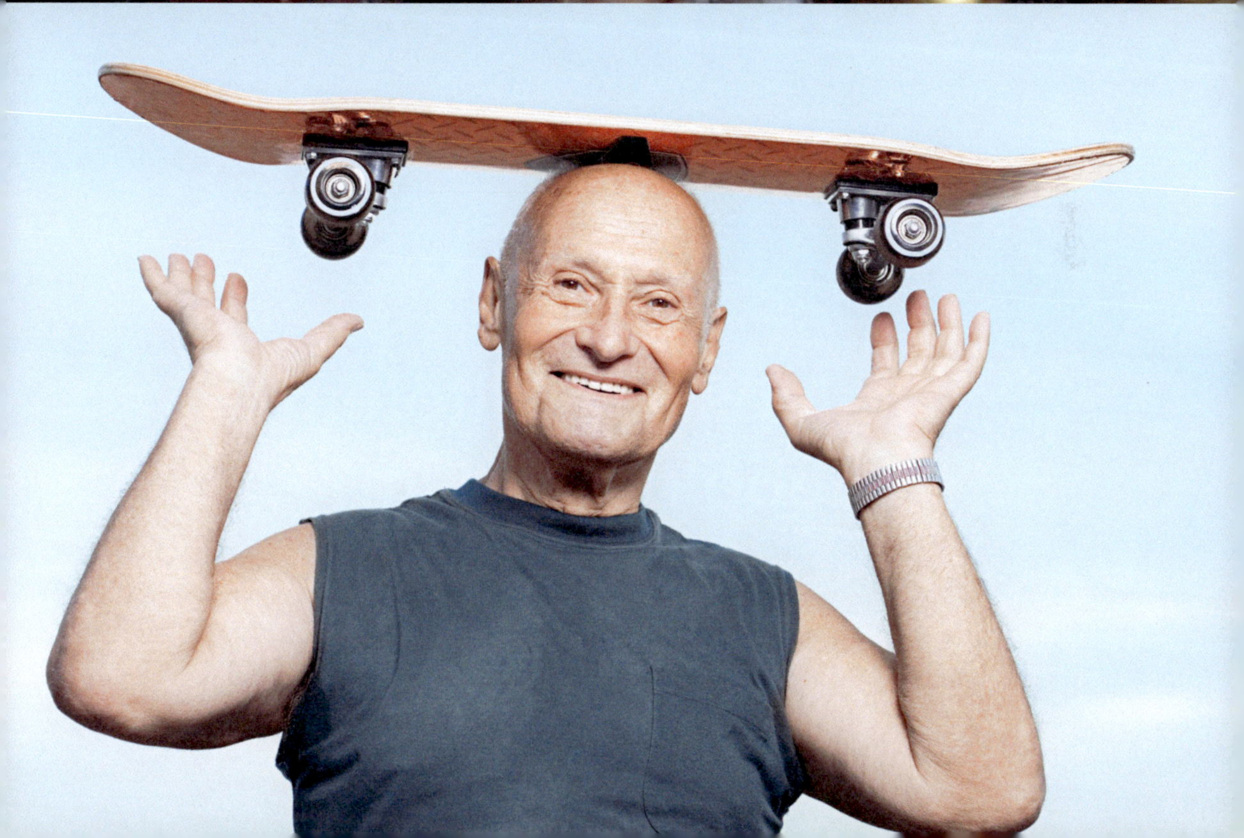

# Jaký je největší rozdíl mezi dětmi a dospělými?

# Jak lidé měří čas a proč to dělají?

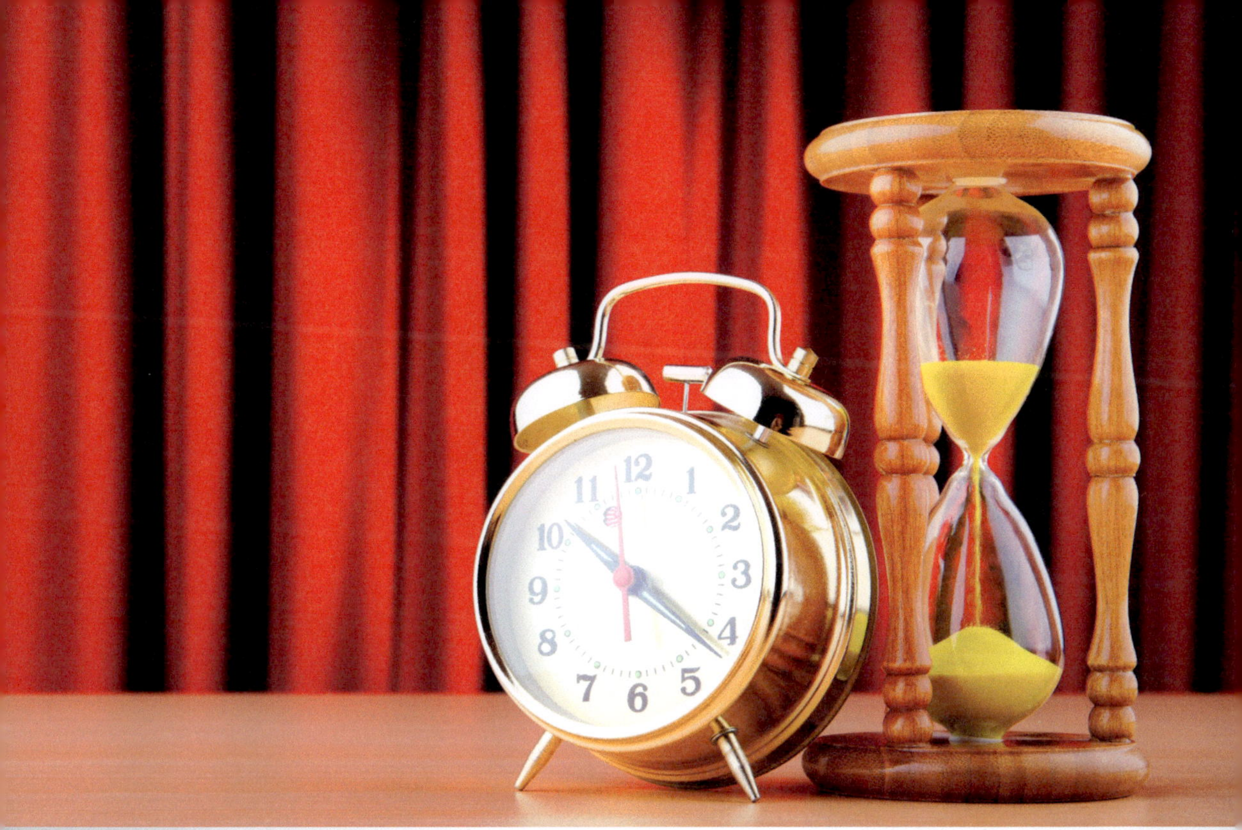

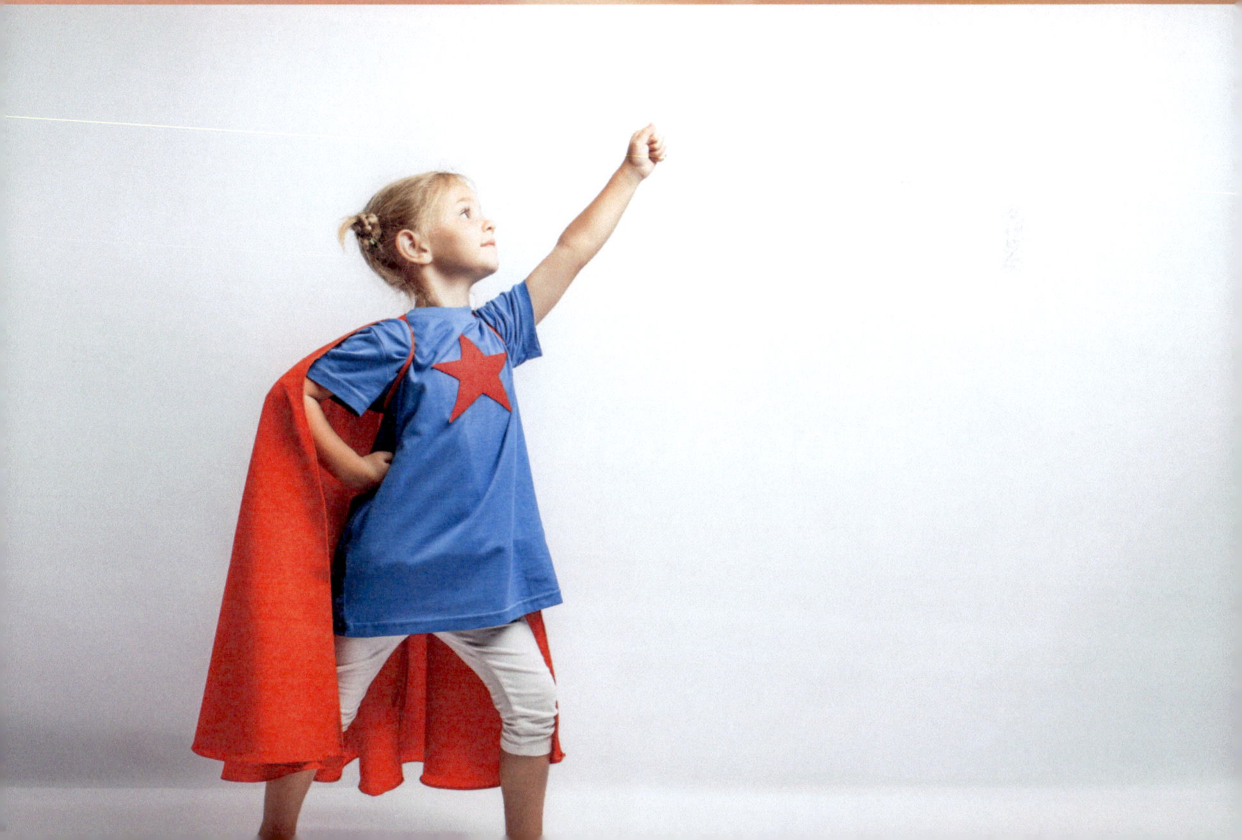

# Co je to vztek a odkud se bere?

# Co je to čas?

**Jaké by to bylo, kdybys mohl/ mohla být navždy dítětem?**

# Proč existují dobří lidé?

Kdybys byl/byla papouškem v zoologické zahradě, který každý den dostává své krmení, zůstal/zůstala bys v zoologické zahradě, nebo bys raději uletěl/uletěla na svobodu?

# Mohou zvířata milovat tak jako lidé?

# Co je to krása?

# Je láska v tvém životě důležitá, nebo nedůležitá?

# Existuješ jen jednou v celém vesmíru?

# Hrají si více dospělí, nebo děti a proč je to tak?

# Odkud se bere zlo?

# Co všechno člověk potřebuje k tomu, aby byl šťastný?

# Existuje minulost a budoucnost, nebo si obojí jen představujeme?

# Co je to duše?

# S jakými lidmi máš soucit?

# Jak bude vypadat auto v budoucnu?

# Je dobré, nebo špatné, že na Zemi existují lidé?

# Co je pro tebe zlo/ Co je „zlé"?

# Skončí někdy čas?

# Jak budou vypadat města, až vyrosteš?

# Kde je tvé nejlepší místo na hraní?

# Budou lidé jednoho dne žít na jiných planetách?

# Potřebuješ přátele?

# V co věříš?

# Proč si lidé postavili města?

**Na co by si měl člověk udělat spoustu času?**

**Představ si, že jsi králem celého světa: Co všechno bys přikázal/přikázala? Co bys změnil/změnila?**

# Jak může chudý člověk překonat svou chudobu a stát se bohatým?

# Které tvé přání se pravděpodobně nikdy nesplní?

# Proč lidé musejí pracovat?

# Jaké dobrodružství bys rád/
# ráda jednou zažil/zažila?

# Jak si představuješ Boha?

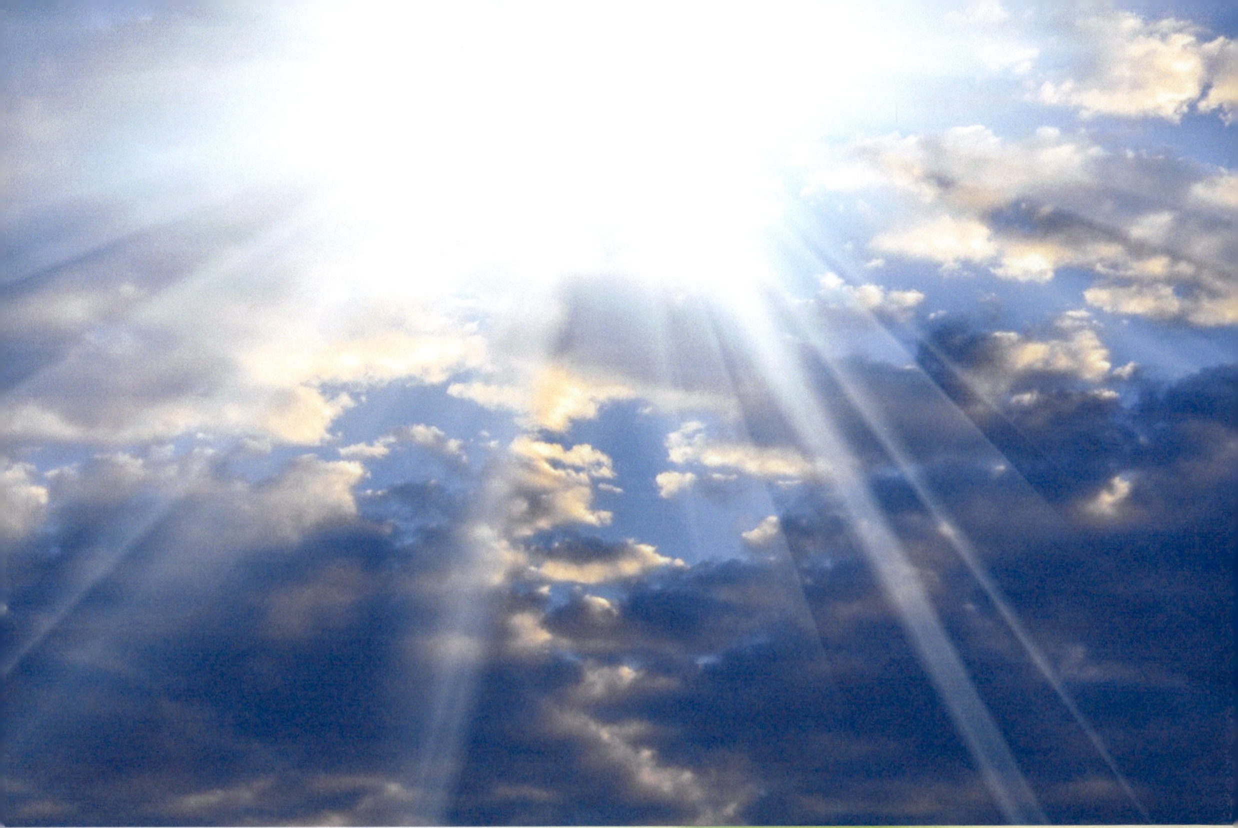
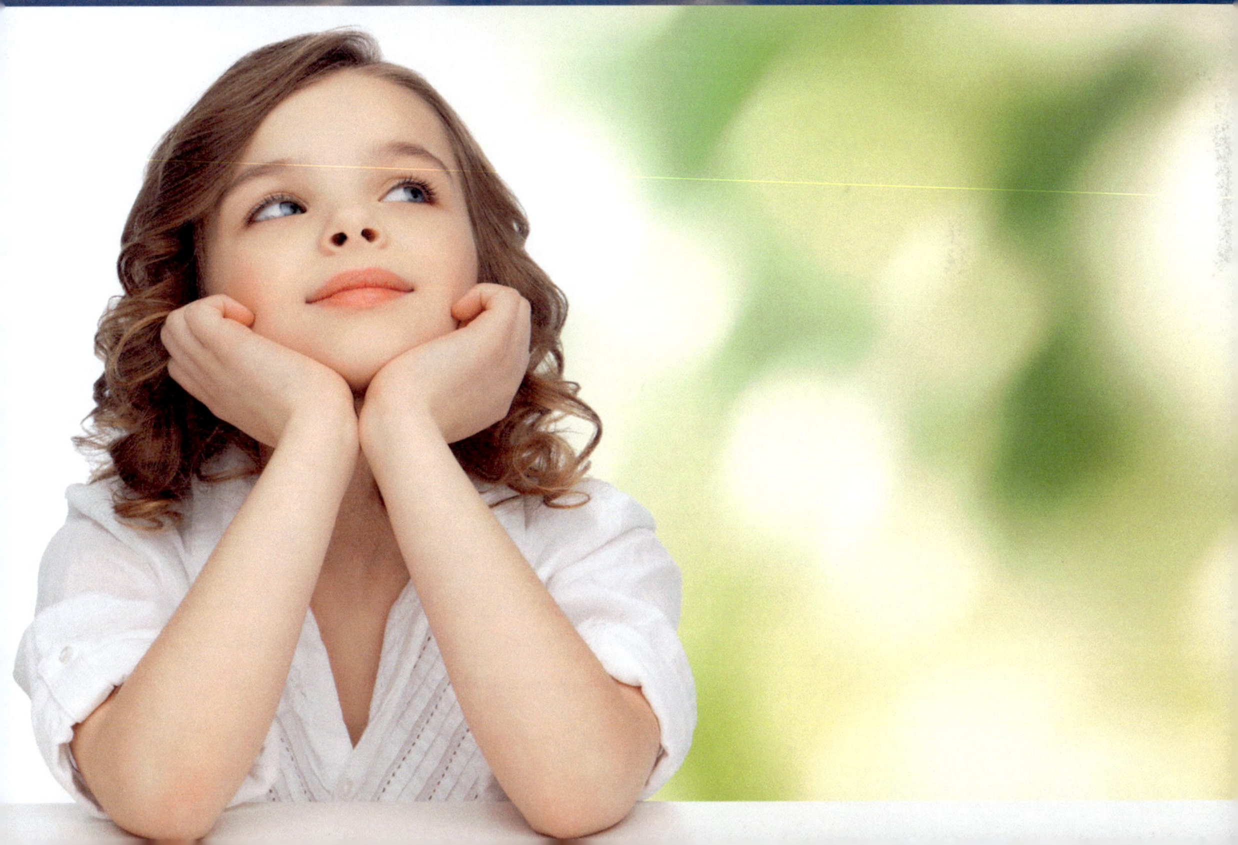

# Existují duchové?

# Co je to nicota?

# Proč má mnoho lidí strach ze smrti?

# Kdy jsi byl/byla naposledy opravdu statečný/statečná?

# Co je na tomto světě zvláště krásné?

# Jakou superschopnost bys rád měl/ráda měla?

# Budou roboti v budoucnu také cítit stejně jako lidé?

# V jaké zvíře by ses rád/ráda jednou proměnil/proměnila?

# Jaké by to bylo být nesmrtelný?

Tato kniha by nikdy nevznikla bez mnohahodinových rozhovorů se spoustou dětí a mládeže na téma „Bůh a svět". Vám všem za to velmi děkuji. Své ženě Arlett děkuji za bezmeznou trpělivost a za cenné tipy a podněty.

Pro více informací: www.michael-siegmund.com